AF356322

PRÉCIS

DE

LA CONDUITE POLITIQUE

DE

DE VANTEAUX ET DE GESLIN.

Il est des circonstances dans la vie, où il semble permis d'exposer au grand jour des faits que, par modestie, on aurait tenus constamment secrets dans le fond de son cœur, leur souvenir seul en étant la plus douce récompense.

Placés malheureusement aujourd'hui dans une de ces circonstances, puisque des faits provenant de notre dévoûment sans bornes à l'Auguste Maison de Bourbon, ont été pour nous depuis douze années la source de tourmens affreux, et que maintenant ils sont la cause de la perte totale de la fortune, de l'existence civile et de l'honneur, tant pour nous que pour dix familles qui furent de tout temps les zélés défenseurs de l'autel et du trône; nous croyons de notre devoir de les publier, afin d'éclairer l'opinion sur l'infortune non méritée qui nous accable.

Émigrés (1) l'un et l'autre en 1791, nous ne sommes rentrés en France qu'en 1801, après avoir servi successivement aux armées *des Princes, de Condé, à Quiberon, à la Vendée,* enfin toujours et partout sous la bannière sacrée des lys, ou sous des drapeaux qui ne se déployaient que pour le succès de la cause de la noble race des Bourbons (2). Les lois révolutionnaires nous ayant dépouillés presque entièrement de notre fortune, nous habitâmes paisiblement la ville que le Gouvernement de ces temps nous avait désignée, depuis 1801, jusqu'en 1810. Vers le milieu de cette dernière année, le desir bien naturel de s'occuper de l'existence de nos familles et de donner de l'éducation à nos enfans, nous mit dans la nécessité de chercher à utiliser les capitaux que nous avions pu réunir, soit des nôtres propres, soit de ceux de nos parens et amis, qui avaient toute confiance en nous.

Nous plaçâmes tous ces capitaux dans l'entreprise générale des vivres des armées; mais peu de temps après avoir versé ces fonds, nous eûmes la crainte trop fondée de les voir compromis, et nous fûmes forcés, pour les conserver, de suivre nous-mêmes cette grande opératin.

En 1813, après la bataille de Leipsick, plusieurs royalistes qui, par leur position de fortune et leur situation privée, ne pouvaient

---

(1) Le père de. M de Vanteaux, émigré avec son fils en 1791, a fait la campagne des Princes, a été à l'expédition de Quiberon, et fusillé à Vannes par une commission militaire. Il servait alors dans l'illustre corps *des vétérans de la Châtre.*

Le frère de M. de Geslin, émigré en 1791, a fait la campagne des Princes. Il est mort aux colonies, officier dans le régiment de *Rohan-Hussards.*

(2) Les états de nos services militaires et de nos blessures sont constatés et revêtus des attestations et des noms de nos chefs respectifs.

offrir que leur bonne volonté d'agir, s'adressèrent à nous, et nous demandèrent si , au moyen de nos immenses relations avec toutes les armées françaises, tant de l'intérieur que de l'extérieur, nous voulions coopérer à tout ce qu'il était urgent d'entreprendre pour hâter le retour de nos Princes légitimes en France.

Nous répondîmes à cet appel, « que notre position actuelle , notre » existence tout entière, nos débris de fortune, conservés au mi- » lieu des orages de la révolution , ce que nous avions acquis depuis » ces temps désastreux par notre travail et notre économie ; tout » était dévolu à notre Roi. »

Après avoir eu plusieurs conférences secrètes ensemble , nous expédiâmes clandestinement des émissaires sur divers points, et nous promîmes solennellement (ce que nous avons rempli) d'utiliser dans Paris tous nos moyens pour faciliter le succès d'un événement objet de nos vœux.

Aussitôt après le départ de nos émissaires , nous organisâmes dans Paris des réunions, des Comités d'individus bien franchement dévoués. Nous mîmes aussi nos soins à disposer à l'avance certains esprits , dont il était important de s'assurer par tous les moyens possible. En conséquence nous versâmes, de nos deniers seuls, une somme de trois cent mille francs dans une caisse (censée caisse royale), d'où sortaient tous les fonds nécessaires pour la conduite de cette noble entreprise. (Les dépenses ayant ensuite excédé ce premier versement, ont été également supportées par nous seuls.)

L'immense majorité des Français pensait bien que son bonheur et sa tranquillité parfaite dépendaient absolument du retour de son Roi sur le trône de ses pères ; chacun l'y appelait par ses prières et ses vœux ; mais ces prières et ces vœux étaient tacites et comprimés ; il fallait donc des faits pour développer les sages décrets de la Divine

Providence, et préparer ce grand événement, qui seul pouvait faire la félicité de la France, et donner la paix à l'Europe entière.

Les armées alliées entraient en France de toutes parts, et Son Altesse Royale MONSIEUR s'avançait par la Franche-Comté. Bientôt nous fûmes instruits, par la correspondance de ceux de nos émissaires (1) qui avaient eu, à Vesoul, plusieurs conférences avec M. le comte François d'Escars, qu'il était nécessaire qu'un élan bien prononcé de la part des Français pour la Maison de Bourbon, précédât l'approche des armées alliées, afin de montrer dans tout son jour aux souverains de l'Europe l'assentiment général de la France pour le retour de son Roi légitime.

Il devenait par conséquent très-pressant de hâter et de diriger l'opinion; alors nous utilisâmes de suite une grande quantité de personnes (2) qui nous étaient dévouées dans plusieurs villes éloignées de la capitale, et nous fîmes, à Paris, de notre maison, rue Taitbout, nº 18 (qui nous appartenait alors), le rendez-vous général des royalistes. Pendant quelques temps, on ne s'y réunit que nuitamment et avec précaution. Dès le 24 mars au soir, 1814, deux portraits, l'un de feu Sa Majesté Louis XVIII, l'autre de notre bien-aimé Roi Charles X, furent placés dans l'un de nos grands salons, surmontés du drapeau sans tache. Des registres (3) furent ouverts à nos risques

---

(1) Un bijou qui devait nous servir de signal, fut envoyé à Paris à M. de Geslin; la police en fut instruite, mais elle ne put découvrir ni d'où il venait, ni à quel usage il avait été destiné.

(2) Nous avions à notre solde plusieurs hommes intelligens et dévoués, dans une grande partie des villes de France un peu considérables.

(2) Tous ces registres ont été déposés après l'entrée de Son Altesse Royale MONSIEUR, à Paris, et par son ordre, dans les bureaux formés, à cette époque, aux Tuileries.

et périls, et ce fut dans ce livre de la fidélité et du dévoûment que s'inscrivirent des milliers de royalistes.

Nous établîmes dans notre cabinet particulier des presses, d'où sortirent des proclamations prudentes et sages ; elles furent distribuées et affichées partout où on les jugea nécessaires.

Cependant, les armées alliées ayant fait de nouveaux progrès, Paris étant sur le point d'être attaqué, il fallut plus que jamais maîtriser l'opinion publique ; nous dûmes donc intéresser toutes les classes, et nous employâmes jusqu'aux ministres des autels, pour faire parvenir, au nom du Roi, des secours à l'indigence.

Prévenus par nos nombreux agens, répandus dans la capitale et ses environs, que beaucoup d'officiers, sous-officiers et soldats de différens corps français refluaient sur Paris isolément et sans aucun moyen de subsistance, nous les fîmes loger, nourrir, et ils reçurent une solde au nom de Louis XVIII ; notre caisse fournit à toutes ces dépenses ; mais jamais (nous l'attestons sur l'honneur) aucun paiement, aucun versement d'argent n'a été fait par nous dans cette circonstance, comme dans tant d'autres, qu'au nom du Roi, et comme provenant de cette source auguste et paternelle : notre profond respect, notre amour pour notre Souverain, notre ardent desir de ramener à lui tous les Français, nous imposait ce devoir ; nous l'avons rigoureusement rempli....

Sur ces entrefaites, nous eûmes des communications secrètes avec plusieurs chefs des armées alliées, et nous apprîmes d'eux, qu'il était très-important que la capitale de la France, surtout, se prononçât franchement pour les Bourbons. Cette assurance nous pénétra d'une joie d'autant plus grande, que nous avions employé tous les moyens pour arriver à ce but.

` En effet, tout se passa au gré des vœux des royalistes ; la France entière se rappelle les vives acclamations et les cris mille fois répétés par une immense population, de *vive Louis XIII, vive Monsieur, vivent les Bourbons,* dont furent saluées les armées alliées à leur entrée dans Paris. C'est bien alors qu'on a dû reconnaître évidemment l'effet de toutes les mesures combinées long-temps auparavant pour opérer cette explosion de sentimens, et faire de l'entrée des troupes étrangères une journée triomphale pour tous les bons Français. Dès le lendemain, des proclamations furent de nouveau répandues pour propager les bonnes doctrines ; de l'argent fut distribué dans divers endroits où se rassemblent les ouvriers de toutes espèces ; la statue de la colonne de la place Vendôme fut descendue ; le service de la police royale fut improvisé : en un mot, pendant la suspension d'administration qui précéda le 12 avril, le service de la monarchie fut fait par nous et à nos frais.

Nous ne rapporterons pas ici une multiplicité de faits, qui sont tous le résultat de notre inviolable attachement à nos augustes maîtres ; nous nous bornerons à dire que la veille du jour, où, d'éternelle mémoire, MONSIEUR fit son entrée dans Paris, nous fûmes à Meaux, déposer aux pieds de Son Altesse royale, l'hommage de notre profond respect et de notre vive allégresse. Nous suppliâmes ce Prince d'agréer une somme de deux cent mille francs, provenant aussi de nos deniers, et dont nous pouvions disposer à l'heure même. Monsieur ajourna l'acceptation de cette offre jusques après son entrée dans la capitale, et daigna nous témoigner sa satisfaction dans les expressions suivantes. « *Je sais tout ce que vous avez fait, ce sera à jamais* » *gravé dans mon cœur et dans ma mémoire.* »

Quelques jours après nous reçûmes un nouveau témoignage de la bonté de Son Altesse Royale, particulièrement pour notre conduite depuis 1815 jusques au moment de son retour à Paris. En effet, dans

la soirée où Monsieur reçut les dames aux Tuileries dans la galerie
de Diane, lorsque mesdames de Vanteaux et de Geslin eurent l'honneur d'être présentées et nommées à Son Altesse Royale, elle daigna
leur dire : « *Ah! Mesdames, ni ma famille, ni moi, n'oublierons ja-*
» *mais tout l'attachement que nous ont porté vos maris.* »

Nous les recueillîmes, ces précieuses paroles, et nous les trans-
mettrons avec un noble et juste orgueil à nos enfans, ainsi que le glo-
rieux souvenir d'avoir fait faire, long-temps auparavant, les premiers
drapeaux blancs arborés dans Paris, et d'avoir aussi remis, au lieu-
tenant-général du royaume, un étendard aux nobles armes des rois
de France, qu'il a bien voulu *recevoir* et faire placer dans ses appar-
temens.

Dans plusieurs circonstances subséquentes aux premiers événemens
de la restauration, Son Altesse Royale Monsieur daigna charger
de missions importantes M. de Vanteaux : il les a toutes remplies avec
l'honneur et la ponctualité qui le caractérisent.

Venons maintenant au résultat de tous nos antécédens, résultat si
inattendu, si désastreux pour nous et pour une multitude de personnes qui se trouvent englouties comme nous dans le même abîme de
malheurs.

Sa Majesté Louis XVIII rentra dans ses états le 3 mai suivant ; les
affaires du royaume reprirent leur cours ; le Roi était assis sur le trône
de ses aïeux ; son auguste famille l'y entourait, et la légitimité triom-
phait.... Certes, c'était beaucoup pour nous deux, ainsi que pour tous
les royalistes ; mais enfin nous dûmes nous occuper de nos intérêts
particuliers, dans lesquels se trouvait aussi comprise la fortune de
nos parens et de nos amis ; il a fallu par conséquent travailler à la
liquidation de notre grande entreprise. Dès le commencement de ce
travail, nous nous sommes positivement aperçus qu'on cherchait à

créer contre nous tout ce qu'une animosité sourde et couverte d'un voile spécieux pouvait inventer, pour nous punir sans doute de la part active que nous avions prise à la restauration. La longueur du premier dépouillement des pièces de notre liquidation s'étant prolongée de 1814 à 1815, nous fûmes de nouveau livrés à toutes les chances fâcheuses causées par le retour subit de Buonaparte.

Nous montrâmes encore une fois dans cette circonstance le même désintéressement et le même amour pour notre Souverain; en effet, au lieu de rester à Paris, comme nos grands intérêts privés l'exigeaient, au lieu de nous rendre aux instances pressantes de plusieurs personnes importantes alors, qui voulaient nous y retenir, en nous assurant que c'était le meilleur moyen de nous faire payer promptement de toutes les sommes qui nous étaient dues par le Gouvernement, nous ne voulûmes entendre aucune proposition à cet égard, et nous nous hâtâmes au contraire de nommer un fondé général de pouvoirs. Nous partîmes, dans la nuit du 13 au 14 mars 1815, pour nous rendre dans la Vendée auprès de Mgr. le duc de Bourbon, qui nous désigna pour être employés sous ses ordres.

Bientôt arriva le 20 mars, de funeste mémoire : Buonaparte encore une fois vint souiller par sa présence le palais de nos Rois. Aussitôt que l'usurpateur eût appris dans tous ses détails la part active et particulière que nous avions prise à son renversement, il lança contre nous deux un décret de proscription : ses satellites se rendirent dans une maison de campagne (que nous avions alors) où on nous supposait retirés ou cachés, pour nous y arrêter, nous ramener à Paris et nous faire indubitablement servir d'exemple à sa sévérité envers ceux qui, comme nous, ne l'avaient jamais aimé; cet ordre ne put avoir son entière exécution : nous étions loin de là dans les terres sacrées de la Vendée.

9

Les cent jours s'étant enfin écoulés , Louis XVIII vint de nouveau reprendre les rênes de l'État , et par sa sagesse , y rappeler l'ordre et le bonheur.

Mais, au milieu de tant d'affaires de la plus haute importance, il est permis de croire que celles d'un petit intérêt (excepté pour ceux qu'elles regardent personnellement), ont été ou laissées long-temps dans le vague, ou confiées à des hommes qui attendaient avec autant de plaisir que d'impatience une occasion certaine de nous sacrifier, et de nous punir d'avoir été partout et toujours francs royalistes.

En effet, la liquidation qui a été faite contre nous dans les bureaux de la guerre, est une preuve convaincante de la malveillance la plus inouie.

Si cette liquidation avait pu être du ressort des Tribunaux ordinaires, nous n'aurions certainement point à gémir sur ses résultats désastreux.

Quoi qu'il en soit, après douze années d'attente, pendant lesquelles nous avons consommé tout notre patrimoine et celui de dix familles pour remplir nos engagemens contractés dans le cours de notre entreprise, nous avions lieu d'attendre un acte d'équité, et notre confiance reposait entièrement sur nos droits.

Aujourd'hui l'œuvre d'iniquité vient d'être consommée: un travail erroné, fait de longue main et avec le même esprit par notre partie adverse, a été sanctionné sans discussion par le Conseil-d'État. Cette condamnation injuste, qui fait grief à de nombreuses familles éplorées peut être réparée; il existe heureusement, il doit exister en droit, au-dessus de toutes les autorités, et par conséquent de toutes les erreurs, *un refuge auguste, un asile certain dans le cœur, dans le pouvoir du Roi; et notre Roi est Charles X.*

Ce Monarque révéré accueille chaque jour des recours en grâce contre les arrêts des Cours souveraines, Sa Majesté daignera sans doute accueillir un recours en justice contre un arrêt de son Conseil-d'État.

Nous ne fondons pas seulement ce recours en justice sur la conscience de la haute sagesse royale, ni sur celle de nos droits, ni sur l'équité, qui veut qu'aucun jugement inique soit définitif: mais nous le fondons sur des erreurs matérielles commises dans l'exposé, dans l'appréciation des faits qui ont provoqué l'arrêt du Conseil-d'État. Écrasés par tant de pertes, dépouillés de tout notre avoir, poursuivis par nos créanciers, nous sommes sur le point de voir s'anéantir injustement notre existence civile et par conséquent notre honneur.

Créanciers notoires d'une somme en capital de 1,944,565 fr. 31 c. dont le Gouvernement est détenteur depuis 12 ans, forts de nos droits et des lois de l'équité, forts de notre constant et entier dévouement à la cause royale, c'est la *grace* d'une justice que nous implorons, c'est la rectification de ces erreurs matérielles et palpables, qu'on a commises dans la production de nos comptes que nous demandons, c'est enfin la restitution de la fortune de dix familles respectables, que nous réclamons.

Le Roi, ainsi que son Auguste Frère de glorieuse mémoire, a, dans plusieurs circonstances, fait rendre justice à des hommes qui n'avaient jamais goûté le bonheur de lui être fidèles: serait-il possible qu'une foule de sujets et des familles entières, toujours dévoués à la noble race des Bourbons, fussent aujourd'hui livrés au dernier désespoir? *Non, Charles X règne.*

Paris, ce 9 janvier 1826.

DE VANTEAUX, *Colonel de Cavalerie.*

DE GESLIN, *Aide des Cérémonies de France.*

Imprimerie d'EVERAT, rue du Cadran, n° 16. — JANVIER 1826.